Rosemarie Wild
Yvonne Jaussi
Beate Schwarz

Traumhund Retriever

Rosemarie Wild / Yvonne Jaussi
Beate Schwarz

Traumhund Retriever

Müller Rüschlikon

Einbandgestaltung: Katja Draenert

Titelbild: Beate Schwarz

Bilder auf der Umschlagrückseite: Beate Schwarz; Labrador Retriever Iris Bach

Bildnachweis:
Maya Aeby: S. 54 o., 55 o.; Iris Bach: S. 95 o.; Franco Barberi©: S. 39 (Mitte), 112 li., 116; R. Baumgartner: S. 41; Axel Budde: 94 u. re.; G. Ciccozzi: 61 u., 63 o; Moira Frank: S. 77 o.; Dan Freisem: S. 124 li. (klein); H. Hubert: S. 137; Monica Jarl Wiberg: S. 39 o.; Yvonne Jaussi: S. 27 o., 28, 30, 44/45, 47 u., 52 re., 55 u., 64 u., 95 u., 105 re., 109 o. und u. re., 127 o., 130/131, 132 o., 139 u., 143 u.; Ursula Moillet: S. 53; Vreni Ommerli: S. 43 u., 68 o., 94 o., 94 u. li., 98 (klein), 100 (klein), 103 (klein) 139 o.; Dan Page: S. 57, 99; Thomas Schär: S. 52 li., 54 u., 60 u.; Thomas Schwarz: S. 14, 15 u., 16/17 o., 47 o., 90, 108 o., 112 re., 113, 114 o. re., 115, 117, 118 o. li., 119 o. li., 134 o., 138; Wilfried Schmitten: S. 64 o.; Schweiz. Schule für Blindenführhunde, Allschwil: S. 93 o.; Sergio Sgorbati: S. 68 u.; Stiftung Le Copain: S. 93 u.; Irene Teppa: S. 39 u., 43 (Portrait), 65 u.; Rosemarie Wild: S. 82 o., 123; Elsbeth Wittwer: S. 11 re., 47 li., 58 o., 60 o., 69 o., 75 o., 82 u., 109 li.
Alle übrigen Fotos stammen von Beate Schwarz.

ISBN 3-275-01561-3
ISBN 978-3-275-01561-0

Ein Unternehmen der Paul Pietsch Verlage GmbH + Co

Sie finden uns im Internet unter:www.mueller-rueschlikon.de

1. Auflage 2006

Innengestaltung: Anita Ament

Druck und Bindung: Graspo, CZ-76302 Zlin

Printed in Czech Republic

Inhaltsverzeichnis

Ein Wort vorweg

Liebe Retrieverfreunde!

Wir drei Autorinnen leben seit Jahren als Züchterinnen, als Schönheits- und Wesensrichterinnen und als Clubbeauftragte mit diesen Traumhunden zusammen. Von allem Anfang an ging es uns drei gleich: Mit dem ersten Retriever, der in unser Leben trat, war es um uns geschehen – die Traumzeit fing an und dauert bis heute! Auf dem Bild rechts unten sehen Sie einige unserer Hunde.

Retriever sind als »die« menschenfreundlichen Hunde bekannt. Ihr unermüdlicher Wille, immer zu gefallen (im Englischen bezeichnet man das als »will to please«), alles für seinen Menschen zu geben, beeindruckt immer wieder. Sie gelten als sehr lernfähige und vor allem lernwillige Rassen, sind extrem teamfähig und wollen immer dabei sein. Sie bergen ein enormes Potential in sich, das zu entdecken und zu nutzen sehr spannend werden kann. Weiter hervorzuheben ist ihr großer Spieltrieb, der sie bis ins hohe Alter begleiten wird.

Im »Standard« der Rassen wird von ihnen Ausdauer verlangt. Nun, dieser Ausdauer wird man tagtäglich bei diesen Hunden in vielen Facetten begegnen. Retriever sind Allrounder: Sie sind zuverlässige Jagdbegleiter und Jagdsporthunde, eins a Familienhunde und Freunde der Kinder. Sie sind praktisch in allen Hundesportarten heute an vorderster Front zu finden. Im Dienste des Menschen leisten sie als Rettungshunde in Trümmern, Schlamm und Schnee Außerordentliches. Als Blindenführ- und Assistenzhunde helfen sie die Lebensqualität von behinderten und kranken Menschen zu verbessern; als Drogen- und Sprengstoffdetektoren unterstützen sie Grenzschutz und Polizei.

Wir laden Sie mit diesem vorliegenden Bildband ein, mit uns in unsere Traumwelt mit den Retrievern einzutauchen. Genießen Sie die sechs Retrieverrassen – Flatcoated, Golden, Labrador, Nova Scotia Duck Tolling, Chesapeake Bay und Curly Coated Retriever. Begleiten Sie uns durch die wunderbaren Bilder von Beate und Yvonne, die durch viele weitere Aufnahmen von Retriever-Freunden ergänzt wurden.

Wir möchten uns bei allen Hunden und ihren Menschen ganz herzlich für die Mitarbeit bei den Fotosessions bedanken. Retriever sind tolle Models, sie sind geduldig, anpassungsfähig, sehr ausdauernd, und sind auch nach Stunden strenger Fotoarbeit immer noch in Stimmung, um ein neues Bild zu realisieren!

Rosemarie Wild, Yvonne Jaussi, Beate Schwarz

Chesapeake Bay, Labrador, Nova Scotia Duck Tolling, Flatcoated, Golden und Curly Coated Retriever

St. Johns Dog

Retriever- und Setterartige in Neufundland um 1850.

Historie

In der Entwicklungsgeschichte der Hunderassen sind die sechs Retrieverrassen im Vergleich zu den Spaniel- und den Mastiffartigen, die schon vor 1000 und mehr Jahren auf dem Kontinent und Großbritannien vorkamen, relativ junge Rassen. Sie begannen sich erst etwa um die Jahrhundertwende vom 18. zum 19. Jahrhundert aus Hunden aus Neufundland und Europa langsam zu formieren. Mit Ausnahme des Nova Scotia Duck Tolling Retriever, kurz Toller genannt, den man als Kanadier bezeichnen kann, begann die Reinzucht der Curly Coated, der Flatcoated, der Golden und der Labrador Retriever auf den Britischen Inseln. Die Reinzucht des Chesapeake Bay Retrievers, wie es schon sein Name sagt, begann rund um die Chesapeake-Bucht, eine 280 km lange, weit verzweigte Meeresbucht an der Ostküste der USA (Maryland/Virginia).

In Amerika hatten sich in den letzten drei Jahrhunderten und zum Teil auch schon früher große Siedlungswellen aus Europa über den Kontinent ergossen. In ihrem Sog sind mit den Menschen auch viele Hundeschläge aus der alten Welt in die neue gekommen. Dabei handelte es sich um verschiedene Wasserhunde, die damals an der europäischen Atlantikküste lebten, und heute zum Teil ausgestorben sind, aber auch um Hühnerhunde (Spanielartige), dann Bloodhounds, Collieartige und angeblich auch um den Urahn des niederländischen Entenlockhundes, des Kooikerhondje, der vor allem in Kanada landete, und von dem angenommen wird, dass er entscheidend Einfluss auf die Entwicklung des Tollers genommen haben soll.

Das Land rund um die Chesapeake Bay bestand aus riesigen, wildreichen Wäldern und Flüssen und war ein Paradies für Jäger, Trapper und ihre Hunde. Diese Region ist die Geburtsstätte des Chesapeake Bay Retrievers.

Aber schauen wir uns die Geschichte der Hunderassen etwas genauer an. Vieles ist nur mündlich überliefert, aber ab Ende des 18. Jahrhunderts liegen auch reichlich schriftliche Zeugnisse vor.

Zwischen Neufundland und England bestand damals ein reger Handelsverkehr. Es wurde vor allem Kabeljau aus den reichen Fanggründen Neufundlands und der Labradorsee nach Poole, einem Fischerhafen in Dorset (Südengland) und nach Greenock (Südschottland) gebracht. Später kamen dann noch der Pelzhandel (Nerz, Polarfuchs, Robben) und der Holzhandel dazu, der sich zwischen Labrador und Europa entwickelte.

Das Klima dort ist niederschlagsreich, kühl, feucht, oft Nebel verhangen, da der südlichere Teil der Insel bereits im Einfluss des warmen Golfstromes liegt. Im Gegensatz dazu ist das Festland zwischen Hudson Bay und der Labradorsee, südlich von Grönland zwischen dem 50. und 60. Breitengrad subarktisch, niederschlagsarm und kalt. Die Küste ist von den eisigen, aus der Arktis stammenden Meeresströmungen (Labrador- und Grönlandstrom) umspült und unter anderem durch ihren Robbenreichtum bekannt.

Diese klimatischen Gegensätze waren ideale Bedingungen für einen unermesslichen Fischreichtum. Schon um 1450 gab es auf der Halbinsel Labrador eine von Walfängern und Fischern errichtete Walfangstation. Neufundland wurde erst im Jahr 1494 durch Kaufleute aus Bristol entdeckt, obwohl John Cabot, ein Reisender, 1497 für sich in Anspruch nahm, der Entdecker zu sein. Es waren die britischen Geschäftsleute der Bristol Company, die mit dem außerordentlichen Fischreichtum in diesen Gegenden eine riesige Fischindustrie entwickelten.

Durch die unwirtlichen klimatischen Bedingungen konzentrierte sich der Fischfang nur auf die wärmere Jahreszeit von April bis Oktober.

Kooikerhondje, Ausschnitt aus einem Gemälde von A. J. Lamme um 1856

Atlantischer Wasserhund um 1800

Labrador

Historie

Um das Monopol des Fischfangs zu kontrollieren, durfte nach Dekret der englischen Krone niemand das Land besiedeln, da die Geschäftsherren befürchteten, dass ihnen dann durch die Siedler Konkurrenz entstehen würde. Diese Angst war begründet, hielten sich doch jeweils in der Hauptsaison über 250 englische, französische und portugiesische Schiffe in dieser Gegend auf. Wenden wir uns nun den vielen Aufzeichnungen der Autoren zu (Beginn des 19. Jahrhunderts), die auf den Anfang der Ursprungsgeschichte des Retrieverurahnen verweisen. Sie alle stützen sich auf die wohl bekannteste und wirklichkeitsnaheste Darstellung von Colonel Peter Hawker, einem Kapitän, der mit seinem Schoner regelmäßig die Gewässer um Neufundland befuhr. Er berichtet von zwei Hundeschlägen, die er in Neufundland vorfand. Wobei er sehr genau zwischen zwei Typen, dem großen Newfoundland Dog und dem kleineren, dem St. John's Dog unterscheidet: *»Der Erste ist sehr groß, mit einem kräftigen Körper, aber eher kleinem Kopf, langem, dichtem, zottigem Fell und einer hoch getragenen Rute. Er wird in diesem Land zum Ziehen von Holz beladenen Schlitten aus dem Inneren der Insel zur Küste sowie, dank seiner enormen Kräfte, als Helfer der Fischer beim Netzeinholen und zum Retten von Menschen und Auffischen von Wrackteilen bei Schiffskatastrophen eingesetzt.«*

Eine Gruppe Toller

Alle sechs Retrieverrassen haben eines gemeinsam: ein öliges, dichtes Fell, das das Wasser abstößt.

Den kleineren Schlag beschreibt er 1814 in seinem Buch als »*den besten Begleiter für jede Art von Waidwerk, als einen sehr aktiven, extrem schnellen Schwimmer und Läufer, mit einem ausgeprägten Apportiertrieb und einer hervorragenden Nase. Um verwundetes Wild jedwelcher Spezies zu finden, gibt es nichts Ebenbürtiges unter den Caniden (Hundeartigen)*«.

Als Sohn einer Großgrundbesitzerfamilie erkannte der Colonel die besonderen Fähigkeiten dieser Hunde der Fischer, insbesondere, dass sie unermüdlich Beute (Fische), die über die Netze sprang, aus den eisigen Gewässern apportierten, ohne ihnen auch nur eine »Schuppe« zu krümmen! Daraus schloss er, dass dieser wetterbeständige Hundeschlag mit dem »soft mouth« (dem weichen Maul) auch die Federn des Flugwildes bei den englischen Treibjagden nicht verletzen würde. Aus diesem Grund brachten er und die Kapitäne anderer Schiffe diese meist schwarzen »St. Johns« Hunde nach England.

Mary Roslyn Williams ergänzt Hawkers Beschreibung des St. Johns Dog in ihrem Buch *The Dual-purpose Labrador*: »*Mit ihrem sehr dichten, Wasser abstoßenden Fell waren sie prädestiniert Fische, die aus den Netzen sprangen, aus der eiskalten, von arktischen Winden gepeitschten See zu fischen. Und mit ihrem unermüdlichen Willen zu gefallen, waren sie auch die unentbehrli-*

Chesapeake Bay Retriever

Historie

Curly Coated Retriever

chen Helfer der Jäger.« Ein anderer Autor, Mr. Youatt, beschreibt 1846 in seinem Buch *The Dog: »Der Neufundländer oder St. Johns Dog kann leicht für alles abgerichtet werden; er ist gescheit, er ist sanft, und er ist ein Hund mit dem größten aller Riechvermögen. Er ist zuverlässig, dass man ihn problemlos neben dem Pointer oder dem Setter im Feld führen kann, ohne dass er deren Arbeitsweise behindern oder sogar stören würde; er ist überglücklich, wenn er verwundetes Wild suchen darf. Diese Arbeit führt er mit Ausdauer und Durchhaltevermögen durch, ohne das Tempo auch über große Distanzen der Nachsuche drosseln zu müssen und lässt sich auch nicht vom dichtesten, dornigen Dickicht abschrecken.«*

Alle diese Attribute sind auch heute noch in den sechs Retrieverrassen in hohem Maße vorhanden.

Heute ist es erwiesen, dass sich die St. Johns-Hunde aus den von europäischen Siedlern in die neue Welt mitgebrachten ehemals europäischen Hunden entwickelten. Zudem wird in einer Legende davon erzählt, dass über die Beringstraße, als sie noch begehbar war, Hundeartige nach Alaska gelangten.

Flatcoated Retriever

Wenden wir uns nun der Entwicklung der einzelnen Rassen zu, denen man die St. Johns-Hunde als Urahn zuordnet. Das sind wie schon erwähnt: Curly Coated, Flatcoated, Golden und Labrador Retriever, deren Reinzucht in England und Schottland begann, und der Chesapeake Bay Retriever, dessen Wiege in Amerika liegt. Der Sechste im Bunde, der Nova Scotia Duck Tolling Retriever, ist in punkto Urahn die große Ausnahme und weist, wie wir schon oben erwähnt haben, vom Ursprung her unter anderem auf das Niederländische Kooikerhondje hin, und seinem Namen nach auf Kanada.

Zu dieser Zeit war die Hundezucht in Großbritannien fast ausschließlich in den Händen des Landadels, der für jede Art von Wild besondere Hunderassen, respektive Hundeschläge einzusetzen pflegte. Den Großgrundbesitzern gehörten das Land, das Wild und die Fische in den zahlreichen Flüssen. Das gewöhnliche Volk hatte keine Rechte. Damals nannte man jeden Apportierhund »Retriever«, obwohl er ein »Stöberer«, also ein Spaniel- oder Setterartiger war – Hauptsache, er apportierte.

Die Reinzucht der vier englischen Retrieverrassen begann auf den Gutshöfen und bei den Wildhütern.

Der Chesapeake Bay Retriever

Retrieverrassen

Die Chesapeake Bay liegt im Osten der USA, zum größten Teil in Maryland und im Süden im Staat Virginia. Sie ist 280 km lang und 30 km breit. Riesige wildreiche Waldgebiete umgeben sie und viele Flüsse münden in diese Bucht, so dass Süß- und Salzwasser sich an ihren sumpfigen Ufern, rund um Landzungen und Inseln herum vermischen. Ein großer Fisch-, Austern- und Krabbenreichtum zeichnet die Bucht aus und ist jeden Winter Refugium für unzählige Wasserzugvögel, Enten und Wildgänse.

Die Bucht ist für ungemein raue Winter mit viel Schnee und Eis – von heftigen Winden und hohem Wellengang begleitet – bekannt. Der Sommer dort kann sehr warm sein, tropische Temperaturen sind keine Seltenheit.

Zuerst lebten dort Indianer. Später kamen die Siedler, dann die Jäger und die Fischer.

Vom Wild- und Fischreichtum her gesehen, ist die Bucht ein wahres Paradies. Von den Anforderungen des Klimas her gesehen, brauchte es viel Durchstehvermögen – nicht nur für die Jäger, Trapper und Fischer, auch für ihre vierbeinigen Begleiter, die Hunde. Es ist bekannt, dass dort bereits um 1740 eine sehr robuste Spanielart vorkam, vom Erscheinungsbild her gesehen, aber viel derber als die uns heute bekannten Spanielrassen.

Anfangs des 19. Jahrhunderts geriet ein englisches Schiff, das mit einer Ladung Kabeljau von Neufundland nach England unterwegs war, in einem fürchterlichen Sturm in Seenot.

Die gesamte Mannschaft wurde vom amerikanischen Schiff »Canton« unter Kapitän »Law« gerettet. Dabei wurden auch zwei St. Johns Hunde gerettet, ein Rüde und eine Hündin. Der Rüde »Sailor« sei von rötlicher Farbe gewesen, die Hündin »Canton« schwarz. Die Geschichte sagt, dass beide Hunde vorzügliche Wasserhunde gewesen seien, und vor allem bei der Entenjagd unschlagbar waren.

Die Autorin Maya Mächler erzählt: *»Sailors Nachkommen sind noch heute bekannt als die Sailor-Rasse. Die Hündin Canton blieb bis zu ihrem Tod in Sparrows Point und ihre Nachkommen waren und sind am Patapsco Neck, am Gunpowder, d.h. die ganze Bucht hinauf bei allen Entenjägern für ihre Fähigkeiten berühmt.*

Sedgefarbene Hündin mit den verlangten Proportionen.

Typischer brauner Rüde mit den erwünschten kleinen Ohren.

Viele Erzählungen über die Leistungen von Sailor und Canton sind überliefert worden, vor allem über ihre Ausdauer: Canton verfolgte verletzte Schwäne und Enten meilenweit im Wasser, auch im Packeis, in Nebel und Dunkelheit. Beider Apportierfähigkeit waren einmalig, doch waren sie ja in Neufundland speziell dafür gezüchtet worden. Ihre Vorfahren holten aus dem Netz springende Fische zurück, schwammen mit Rettungsringen zu sinkenden Schiffen und zogen Gerettete an Land, immer wieder, unermüdlich hin und her.

Sailor und Canton wurden am Anfang wahrscheinlich mit den in der Gegend der Bucht vorgekommenen Indianerhunden und den Hunden (Pointer-Setter- und Spanielartige) der immer zahlreicher ankommenden Siedler aus England gekreuzt. Da die Bucht sehr groß ist, erhielten die Hunde viele lokale Rassenamen, wie die Newfoundland Breed of Duck Dogs, die Sailornachkommen wurden an der Ostküste als Chesapeake Bay Duck Dogs genannt und am Westufer tauchen Namen wie Gunpowder River Dog, Red Winchester Ducking Dog, Brown Winchester oder Red Chester auf. Es wird angenommen, dass Letztere Nachkommen aus Kreuzungen mit dem europäischen Black Water Dog, dem Vorläufer des Pudels, waren.

Die Chesapeakes wurden nicht nur von den Landbesitzern sehr geschätzt, auch die Berufsjäger und Fischer kauften diese Hunde, da sie einen guten Hund ebenso wichtig fanden wie ein gutes Gewehr. Mit Hilfe dieser Hunde konnten sie Munition sparen und die Beute vergrößern. Diese »Wasserleute« verbrachten die meiste Zeit auf dem Wasser, im Sommer lebten sie vom Austern und Krabbenfang, im Herbst und Frühjahr jagten sie Wasserwild. Sie wurden nicht reich, und für die Hundezucht blieb keine Zeit übrig, die lag ausschließlich in den Händen der Gentlemen-Farmer und Sportjäger.

Die ersten Zuchtunterlagen gingen beim Brand des Clubhauses des Carolls Island Gun Clubs verloren.«

Der erste Standard trat 1890 in Kraft. Die Rasse erlebte einen großen Aufschwung, da sie schnell den Ruf genoss, auch bei schwierigsten Klima- und Wetterbedingungen hervorragende, tagelange Einsätze als Retrie-

Brauner Rüde und deadgrassfarbene Hündin. Die Maske der Hündin ist kein Fehler, obwohl einfarbige Hunde bevorzugt werden.

Abgehaarte, sedgefarbene Hündin mit brauner Tochter. Die Fellfarbe kann je nach Saison und Haarzustand von heller zu dunkler variieren.

Der Curly Coated Retriever

Brauner Rüde und deadgrassfarbene Hündin. Die Maske der Hündin ist kein Fehler, obwohl einfarbige Hunde bevorzugt werden.

Abgehaarte, sedgefarbene Hündin mit brauner Tochter. Die Fellfarbe kann je nach Saison und Haarzustand von heller zu dunkler variieren.

Braune Hündin, deren Fellfarbe sich der Umgebung anpasst und mit dem Hintergrund zu verschmelzen scheint.

ver zu leisten. 1918 ist das Gründungsjahr des American Chesapeake Clubs, er wurde im gleichen Jahr noch vom American Kennel Club (AKC) anerkannt.

Kurz vor Ausbruch des Zweiten Weltkrieges kam die Rasse nach Europa (Skandinavien, Frankreich und England).

Die gezielte Zucht begann aber in diesen Ländern erst in den Siebzigerjahren des letzten Jahrhunderts.

Heute erfreut sich diese Rasse auch bei uns immer größerer Beliebtheit, und man findet Chasapeake Bay Retriever in vielen Sparten: als Jagdbegleiter, im Jagdsportbereich, aber auch im Hundesport, sei das als Begleit-, Fährten-, Rettungs- oder Diensthund.

Erweiterter Rassestandard

Der Chesapeake Bay Retriever gilt als der Robusteste unter den sechs Retrieverrassen.

Wenn man seine Herkunftsgeschichte betrachtet, ist zu erkennen, dass es sich hier um einen sehr kräftigen, harten Hund handeln muss, der auch unter widrigsten Verhältnissen zu bestehen hat – also bei eisigen Temperaturen und hohen Wellen, durch dick und dünn, durch Eis und Schnee, unterwegs als Jagdbegleiter seines Menschen. Wenn man sich weiter vorstellt, dass dieser Hund tagelang, manchmal wochenlang mit seinem Jäger in unwegsamem Gebiet unterwegs war, versteht man, dass er einen ausgeprägten Wach- und Schutztrieb aufweisen muss. Unter diesen Bedingungen war nur ein Hund mit einem wachen, gesunden Verstand, mit Eigeninitiative und enormen Körperkräften in der Lage, diesen schwierigen topographischen wie klimatischen Anforderungen zu genügen. Daher muss man sich auch beim heutigen Chesapeake bewusst sein, dass er eine starke Persönlichkeit hat und sein Hab und Gut, seine Familie, mit dem eigenen Leben verteidigen wird. Das bedeutet aber auch, dass seine Reizschwelle tiefer liegt als bei den andern Retrieverrassen und somit sein Wach- und Schutztrieb nie unterschätzt werden sollte. Größte Beachtung bei der Zuchtauswahl wird seinem Mut, seinem Arbeitseifer, seiner Munterkeit, seiner guten Nase, Intelligenz, Wasserliebe und seiner allgemein guten Wesensveranlagung geschenkt.

Er ist ein kräftiger, sportlicher, eleganter Hund mit kurzem, dichtem Fell, mit einer feinen Unterwolle, welches an Hals, Schulter, Rücken und Lenden leicht gewellt, jedoch nie länger als 3,81cm (1½ Inch) ist. Am Kopf und den Läufen ist das Haar kurz. Nur wenige andere Hunderassen weisen ein ähnliches Fell auf, das die Eigenschaften des Gefieders der Ente hat: isolierend gegen

Kälte, Nässe, Hitze und Trockenheit. Die in kalten Klimazonen gehaltenen Hunde haben ein dichteres Fell als die in warmen Zonen oder im Haus gehaltenen.

Die Farbpalette variiert von Dunkelbraun bis Strohfarben; alle Blond-, Beige-, Braun- und Rottöne, die Farben des toten Laubes, Schilfes und des Grases sind gestattet (any color of brown, sedge or deadgrass). Seine Farbe ist die perfekte Tarnung und ist für das Wild nicht oder nur schlecht erkennbar. Ein weißer Fleck auf Brust oder Zehen wird toleriert.

Der Kopf ist breit und gerundet mit mittlerem Stopp. Der Fang ist genauso lang wie der Schädel, genügend breit an der Basis und er verjüngt sich zum Nasenspiegel.

Die Behänge sind klein, hoch angesetzt, von mittlerem Leder und lose hängend.

Die Augen sind mittelgroß, sehr klar, von gelb- bis honig- oder bernsteinfarben und weit auseinander liegend. Früher glaubte man, dass die Sehkraft dieser Rasse wegen der hellen Augenfarbe anderen überlegen sei, vergleichbar mit jener der Eule, der Katze oder des Löwen!

Der Hals ist muskulös und kräftig, um auch schwere Beute mühelos tragen zu können. Er verschmälert sich zu den Schultern hin, die schräg liegen, um dem Gangwerk der Vorhand volle Aktionsfreiheit und viel Kraft zu verleihen.

Die Brust ist kräftig, tief und breit, mit einer guten Rippenwölbung, um genügend Raum für Herz und Lunge zu geben. Der Rücken ist kurz und kräftig, mit gutem Beckenschluss. Der Rumpf ist von mittlerer Länge, die Flanken sind gut aufgezogen.

Die Hinterhand liegt so hoch wie die Schulter oder etwas höher und ist wenigstens so kräftig wie die Vorhand. Eine gute Hinterhandwinkelung ist Voraussetzung, denn sie muss beim Schwimmen und an Land die nötige Schubkraft liefern.

Die Läufe sind mittellang und gerade gestellt. Sie bestehen aus kräftigen Knochen und sind gut bemuskelt und haben geschlossene, mit Schwimmhäuten versehene Hasenpfoten mit gut gerundeten und geschlossenen Pfoten.

Die Rute ist am Ansatz mittelkräftig und von mittlerer Länge.

Das typische Chesapeakefell ist ähnlich Wasser abstoßend wie Entengefieder.

Der Curly Coated Retriever

Es wird allgemein angenommen, dass der Curly Coated Retriever die älteste Retrieverrasse ist, weil einer seiner Urahnen im schon lange ausgestorbenen *English Water Dog* oder *Rough Water Dog* zu finden sei. Der andere Urahn ist der *St. Johns Dog,* der in verschiedenen Fellkonditionen sein konnte: gewellt (wavycoated), lockig (curlycoated), stockhaarig oder zottig.

Der Ursprung des Water Dogs ist nicht ganz klar. Vieles weist auf einen mittelgroßen Pudelartigen hin, der vor einigen Jahrhunderten an der Atlantikküste (von Deutschland über Holland, Frankreich, Spanien und Portugal) vorkam und an die Ostküste Englands gebracht wurde. 1803 wird der Water Dog im Sportsmen's *Cabinet* wie folgt beschrieben: *»Diese Hunde sind übermäßig ähnlich im Erscheinungsbild. Ihr Haar haftet in natürlichen, elastischen, dichten Locken, nicht lose, lang und zottig: das Erste weist auf körperlich bedinge Kraft hin, das Zweite bedeutet für diese Rasse körperliche Schwäche, die ererbt sein kann …«*

Viele Historiker nehmen an, dass solche Hunde mit Siedlern vor langer Zeit auch nach Amerika kamen. Dazu der folgende Vermerk aus dem sehr alten amerikanischen Buch *The Museum of Anima-*

Zwei kräftig gebaute, harmonische Curlies in den Farben schwarz und braun. Der Unterschied zwischen Rüde und Hündin muss deutlich erkennbar sein.

Hündinnen- und Rüdenkopf mit schmalem, flachem Schädel und wenig Stopp. Die Haare des Gesichtes sind kurz und weich.

ted Nature: »*Der Rough Water Dog ist ein intelligentes Tier, robust gebaut und mit dichtem, lockigem Haar bedeckt; er übertrifft den Water Spaniel noch an Größe und Kraft, zeigt aber die gleiche, große Wasserfreude, Gelehrigkeit und Fügsamkeit wie dieser: er wird vor allem als Retriever von den Jägern für die Wasservogeljagd eingesetzt ...*«

1816 erwähnt der Autor Richard Lawrence in *The complete Farrier and British Sportsman* den Water Dog, aus dem der Water Spaniel entstanden sei.

1859 fand die erste Hundeausstellung in Newcastle Upon Tyne statt. Dort wurden erstmals Curly Coated Retriever ausgestellt. Es gewannen der Rüde »Jet« und sein Sohn »Jet II« des Züchters Mr. Gorse. Nun entwickelte sich die Zucht stetig und die Rasse war im letzten Drittel des 19. Jahrhunderts sehr verbreitet. 1899 wurde der Curly Retriever Club gegründet. Um die Jahrhundertwende wurden dann die Flatcoated, Labrador und Golden Retriever sehr populär; das Interesse für den Curly schwand. Es ist durchaus möglich, dass das Erscheinungsbild der drei anderen Rassen eine Rolle für seinen Popularitätsschwund gespielt haben mag, denn in seinen Arbeitsanlagen stand er in keiner Weise den andern Retrieverrassen nach. Aber man war damals (und ist es wohl noch heute) begierig auf alles Neue. Heute hat die Rasse vor allem in Großbritannien, Amerika und Skandinavien – vereinzelt auch auf dem Kontinent – noch immer ihre Liebhaber. Der Curly ist aber bis heute eher ein Insider-Hund geblieben.

Der Curly ist ein liebenswürdiger, sensibler und feinfühliger Hund. Er ist bringfreudig und liebt das Wasser. Mit diesen Anlagen und seiner Ausdauer ist er ein guter Jagdgebrauchs- und Sporthund. Er ist ein Familienhund und Fremden gegenüber zu Anfang etwas reserviert.

Erweiterter Rassestandard

Der Curly zeigt mit seinem unverkennbaren Haarkleid ein imposantes, gut ausgewogenes Erscheinungsbild und ist der größte Vertreter der Retrieverrassen. Er gilt als intelligent, aufmerksam und ausdauernd und wirkt trotz seiner Robustheit elegant. Die kleinen dichten und gekrausten Locken, die seinen muskulösen Körper bedecken, sind Wasser abstoßend. Glatthaarig ist nur sein Gesicht (Stirn-, Augen-, Wangenpartie und Fang). Er kommt in den Farben schwarz und braun vor.

Das Fell des Curlies ist dicht, ölig und Wasser abstoßend.

Der Kopf ist proportional zur Körpergröße ausgewogen (Schädel und Fang sind gleich lang) mit nur leicht angedeutetem Stopp und von vorne, sowie vom seitlichen Profil her betrachtet, keilförmig.
Die Augen sind groß und liegen gut in ovalförmig geschnittenen Lidern. Sie sind leicht schräg eingesetzt. Bei den schwarzen Hunden soll die Augenfarbe dunkelbraun sein, bei den braunen im Ton des Haarkleides.
Die Ohren sind klein, oberhalb des Augenlides zurückgesetzt angesetzt. Sie sind mit kleinen Locken bedeckt.
Der Körperbau ist wohl ausgewogen (eine Spur länger als hoch) mit einem kräftigen Hals, der in schräg liegende Schultern fließt und mit dem kurzen, muskulösen Rücken eine gerade, feste obere Linie bildet. Die Lendenpartie ist kurz, tief und kraftvoll. Die Brust ist tief und reicht bis zum Ellenbogen. Die Rippenwölbung ist oval und gut ausgebildet, der Rippenkorb reicht weit nach hinten. Die Vorbrust ist sichtbar.
Die Vorhand ist gerade gestellt. Die Schulter und der Oberarm sind ungefähr gleich lang.
Die Pfoten sind rund und gut gepolstert. Nur eine gute Oberarmlänge ermöglicht ein Raum greifendes Gangwerk und ist für einen Apportierhund von größter Bedeutung.
Eine kräftig gebaute Hinterhand mit einer mäßigen Winkelung und tief gestellten Sprunggelenken entwickelt genügend Schub, sei das im Wasser oder an Land.
Die Rute ist von mittlerer Länge und reicht bis zum Sprunggelenk. Sie wird in der Fortsetzung der geraden Rückenlinie getragen und ist bis zur Spitze mit den kleinen Locken bedeckt.

Die Bezeichnungen Flatcoated (glatthaarig) und Curly Coated (gelockt) beschreiben die erwünschte Haarstruktur dieser Retrieverrassen.

Der Körper des Curlies ist vom Hinterhauptbein bis zu Schwanz- und Zehenspitzen mit festen, kleinen Zapfenlocken bedeckt.

Der Flatcoated Retriever

Die Rasse entstand im 19. Jahrhundert. Am Anfang steht der kleinere »St. Johns Dog«, der in verschiedenen Varietäten (Größe und Fellarten) aus Neufundland mit der Handelsflotte von Neufundland nach England gebracht worden war. Beim Flatcoated Retriever war es ein langhaariger (wavycoated) Hund, der mit Setter- und Collieartigen gekreuzt wurde.

Der Einfluss des Setters ist beim Flat offensichtlich. Man nimmt an, dass schwarze Irische Setter – die es damals gab, und die kleiner waren, als der heute bekannte Red Irish Setter – mit dem Wavycoated Retriever gekreuzt wurden. Der Englische Setterzüchter Mr. Edward Laverack beschreibt in seinem Buch über Setter eine Zuchtlinie von pechschwarzen Settern des Earls of Tankerville und anderen Edelleuten. Er erwähnt auch eine walisische Varietät von schwarzen Settern, die mit einem sehr dichten, sich harsch anfühlenden Haarkleid bestückt war, das besonders geeignet war, dem Hund auch beim Durchstreifen von dornigstem Gestrüpp den größtmöglichen Schutz zu bieten. Mit dem Einkreuzen des Wavycoated Retrievers wollte man diese Setterrasse kräftiger und wasserfreudiger machen, um den damaligen Rivalen, den Curly Coated Retriever »auszubooten«. Das Resultat war ein schwerer, stark knochiger, langhaariger, aber eher zottig wirkender Hund mit

Die einzigartige Silhouette des Flatcoated Retrievers: Ein aufgeweckter, aktiver Hund von mittlerer Größe, elegant ohne schmächtig zu wirken, kräftig ohne plump zu erscheinen.

Der Flatcoated Retriever

Idealer, femininer Kopf wie aus einem Guss: Schädel und Fang erscheinen als harmonisches Ganzes, ohne durch einen Stopp unterbrochen zu sein.

Gut proportionierter Rüdenkopf: flacher Schädel von mäßiger Breite mit angedeutetem, in keiner Weise betontem Stopp. Braune Flatcoated Retriever haben meist etwas hellere Augen als schwarze.

einem recht breiten Schädel und ausgeprägtem Stopp. Um das seidene Haarkleid und den schmalen Schädel mit der fein ziselierten Wangenpartie zu erhalten, wurden nun noch Collieartige (nicht zu verwechseln mit dem heutigen Schottischen Schäferhund) eingekreuzt. Als Folge war die Haarfarbe nicht immer schwarz, braun/beige/schwarz, scheckig und gelb waren recht häufig anzutreffen. Erst jetzt begann man die rassespezifischen Punkte, die wir heute kennen und schätzen, zu pflegen und zu verfeinern.

Als Begründer der Rasse gilt allgemein Mr. S.E. Shirley aus Ettington. Er war der Mann, der über viele Jahre mit seinen konstruktiven Zuchtprogrammen als wegweisend für die Reinzucht der verschiedenen Retrieverrassen schlechthin galt. Er war von einer großen Liebe zur neuen Rasse Flat Coated Retriever inspiriert, deren Erhaltung und Verfeinerung für ihn das Wichtigste war. Er scheute dafür weder Zeit noch Auslagen. (Heute schreibt sich die Rasse Flatcoated Retriever.) Er hatte die große Voraussicht, dass die Hundezucht und ihre Begleiterscheinungen wie Ausstellungen und die Field Trials einen enormen Aufschwung nehmen würden und besaß die nötige Kraft und den Unternehmergeist, dieses zu der Zeit noch zarte Pflänzchen der Reinrassigkeit erstarken zu lassen und zum Erfolg zu führen.

Im Gegensatz zum Flatcoated hat der Labrador Retriever einen breiten Schädel und der Stopp ist ausgeprägt.

Das dichte Haar mit der isolierenden Unterwolle und die gute Befederung schützen den Flatcoat vor Nässe, Kälte und Verletzungen.

In relativ kurzer Zeit hatte er seinen Typ fixiert und bald waren seine Hunde im ganzen Land ein Begriff – man sprach von den Flatcoated- oder Shirley-Retrievern. Er war es auch, der um ca. 1876 die verschiedenen Retrievervarietäten als einzelne Rassen zu registrieren begann. Zudem gehört er zu den Mitbegründern des Englischen Kennel Clubs. Seinem Einfluss ist es zu verdanken, dass die Retriever Field Trials um die Jahrhundertwende vom 19. zum 20. Jahrhundert einen enormen Aufschwung nahmen.

Erweiterter Rassestandard

Der Flatcoated Retriever ist ein kraftvoller, mit seinem langen glatten Haar, seinen dicht befederten Läufen sowie seiner dicht befederten Rute immer elegant wirkender Hund. Schwerfälligkeit soll in dieser Rasse nicht vorkommen.
Er kommt in den Farben Schwarz und Braun vor. Über das Erbe des Urahns aus Neufundland kann in einigen Linien auch Gelb vorkommen, aber mit den heutigen Kenntnissen der Genetik und entsprechender DNA-Analyse kann man dem vorbeugen.
Der Kopf ist lang und wirkt im Gegensatz zu den anderen Retrievern eher schmal. Dieser Eindruck wird durch den flachen, nicht sehr breiten Schädel und den nur angedeuteten Stopp noch verstärkt. Die Augen sind mittelgroß, haselnussfarben bis dunkel-

braun und vermitteln einen sehr intelligenten Ausdruck. Die Ohren sind eher klein (nie groß und schwer), recht hoch angesetzt und liegen dicht am Kopf.

Sein Hals ist lang und fließt in gut zurückgelegte Schultern, um auch eine schwere Beute tragen zu können. Um diese Arbeit zu bewältigen, wird er von kräftig gebauten Vorderläufen mit gut gepolsterten, Stoß auffangenden Pfoten unterstützt. Seine Hinterhand muss ebenfalls kraftvoll und stark knochig und gut gewinkelt sein. Die Sprunggelenke sind relativ tief angesetzt, damit dieser Hund genügend Antrieb und Schub entwickeln kann. Dazu, und zum Tragen der oft beachtlichen Beute, unterstützt ihn ein kräftiger, gut bemuskelter Rücken. Der Brustkorb ist tief, mit guter Rippenwölbung, damit genügend Raum für Herz und Lunge vorhanden ist. Die Wölbung darf aber nicht zu rund sein, sie ist vorne eher flach und soll sich erst zur Mitte hin deutlich wölben, damit die Vorhandaktion frei und fließend sein kann und nicht durch Fehlstellungen beeinträchtigt wird. Man darf nicht vergessen, dass der Flat als geforderter Jagdgebrauchshund für tagelange Einsätze gezüchtet und seiner Morphologie größter Beachtung geschenkt wurde. Das gilt natürlich heute mehr denn je, denn nur ein gesund gebauter Hund kann ein aktives, hundegerechtes Dasein fristen. Daher ist der Auftrag der heutigen Züchter genauso deutlich, wie er vor hundert und mehr Jahren war. Nur so kann diese wunderbare Rasse fortbestehen.

Der Golden Retriever

Keine der europäischen Retrieverrassen ist so sagen- und legendenumwoben wie die des Golden Retrievers. Unbestritten war immer, dass sie Mitte des letzten Jahrhunderts hoch oben im Norden von Schottland entstand. Begründer der Rasse war Sir Dudley Coutts Marjoribanks (1820–1894), der spätere Lord Tweedmouth mit seinem Hund »Nous«.

Er besaß in Invernesshire den Landsitz Guisachan House, wohin er jährlich zur Jagd fuhr. Dort hielt er sich einen, für damalige Zeiten beachtlichen Zwinger mit den Rassen Spaniel, Setter, Pointer, Deerhound, Cairn Terrier und Beagle. Seinen ständigen Wohnsitz hatte er, wie die meisten Adeligen, in London, die Kinder wurden in Sussex erzogen.

Er begegnete bei einem seiner Besuche (1865) bei seinem Sohn in Brighton dem Hund Nous. Er war gelb und gehörte der Legende nach zu einer Gruppe von gelben Hunden aus einem russischen Zirkus, der dort gastierte. Der Lord kaufte alle Hunde auf und ließ sie zu seinem Landsitz Guisachan in Schottland bringen. Andere Adlige begannen mit den so genannten russischen Hunden zu züchten, und eine Zuchtlinie wurde im Kennel Club als »Yellow Russian Retrievers or Tackers« registriert. Einer seiner Zeitgenossen untermauerte die russische Abstammung, weil er auf der Krim ähnliche Hunde gesehen hatte. Heute nimmt man an, dass es sich dabei um einen kaukasischen Schäferhund gehandelt hatte! An der »russischen These« wurde hartnäckig bis in die Fünfzigerjahre des letzten Jahrhunderts festgehalten, bis das Zuchtbuch des Lord Tweedmouth auftauchte, in dem vermerkt war, dass der Lord Nous von einem Schuster am Strand von Brighton abgekauft habe (der Zirkus war zufällige Weise zur selben Zeit dort stationiert!). Dieser Hund war der einzige gelbe Welpe aus einem Wurf von Lord Chichester und galt wohl nichts, weil man damals vor allem die schwarze Farbe favorisierte – die ursprüngliche Farbe der importierten St. Johns Hunde.

In Wirklichkeit handelte es sich bei Nous um einen gelben Wavycoated Retriever, einer Version des kleinen St. Johns Hundes. Er wurde mit der Tweed Water Spanielhündin »Belle« gepaart. Während der folgenden 20 Jahre kreuz-

Der Golden ist ein mittelgroßer, kräftig gebauter und trotzdem elegant wirkender Hund mit langem, glattem oder leicht gewelltem Haarkleid.

Der Kopf ist harmonisch und wohlgeformt. Der Ausdruck ist sanft und liebenswürdig.

Der Golden Retriever

te der Lord weitere Tweed Water Spaniels, Wavycoated Retriever, Setter und – der hervorragenden Nase wegen – Bloodhounds mit den Nachkommen der Stammeltern Nous und Belle. Lord Tweedmouth starb 1894. Die weitere Reinzucht basierte auf Guisachan-Hunden und wurde auf verschiedenen Landsitzen gepflegt und erweitert. Die Rasse Golden Retriever hatte Gestalt angenommen und ihre Liebhaber gefunden.

Heute ist sie weltweit ganz oben auf dem Podest der Lieblingsrassen zu finden und nicht mehr aus unserem Leben wegzudenken.

Seine jagdlichen Anlagen sowie seine buchstäbliche Friedfertigkeit Artgenossen gegenüber und seine große Führigkeit kommen aber auch in ganz anderen Bereichen, die im heutigen technisierten Zeitalter Alltag geworden sind, zum Zuge. Als Familienhund ist er dank seiner Kinderfreundlichkeit, Belastbarkeit, Toleranz und Anpassungsfähigkeit ein idealer

Begleiter für Jung und Alt. Der Begriff *kinderfreundlich* sollte nicht überstrapaziert werden, denn ein Hund kann nur kinderfreundlich bleiben, wenn er mit Kindern gute Erfahrungen gemacht hat.

Als Jagdhund wird er vor allem nach dem Schuss zum Apportieren von erlegtem oder zum Suchen von verletztem Wild eingesetzt.

Als Rettungshund hat er sich als Katastrophen-, Flächensuch- und Lawinenhund bewährt.

Für den Hundesport bringt er in den Sparten Begleithund, Sanitäts- und Fährtenhund ideale Voraussetzungen mit.

Agility ist für ihn eine Herausforderung. Er braucht aber in dieser Sparte Verständnis von Seiten des Hundeführers, denn mit seiner beachtlichen Größe und seinem kräftigen Körperbau ist er weniger wendig und agil als ein leicht gebauter, stromlinienförmiger Hund.

Der Schädel ist breit und leicht gerundet, der Fang breit und tief und von guter Länge.

Das lange Deckhaar und die Unterwolle bieten einen optimalen Nässe- und Kälteschutz.

Erweiterter Rassestandard

Der Golden Retriever besticht durch seine Schönheit. Er ist ein liebenswerter, freundlicher, fröhlicher, lebhafter, aber ebenso sensibler Hund, der mit einem hoch entwickelten Bringtrieb und einer hervorragenden Nase all das aufweist, was von einem Jagdbegleiter erwartet wird.

Er ist ein mittelgroßer, kräftig gebauter, elegant wirkender Hund, der mit seinem langen, glatten oder gewellten, goldfarbenen Haar und einer guten Befederung an den Läufen ein harmonisches Gesamtbild vermittelt. Die seidig wirkende Beschaffenheit seines Haarkleides, bestückt mit einer dichten Unterwolle, in dieser goldenen Farbe, die von leicht-crème (zum Teil fast weiß) bis zu rotgolden in jeder Schattierung vorkommen kann, macht diesen Hund buchstäblich fast unwiderstehlich.

Der Kopf ist harmonisch, ausgeglichen und wohlgeformt und darf nie grob und schwer wirken. Er ist breit im Schädel, der Stopp ist ausgeprägt und der Fang breit und tief.

Die erlaubten Farbschläge des Golden Retrievers reichen von hell-crème bis dunkel-golden.

Die Augen sind mittelgroß, haselnussfarben bis dunkelbraun, von sehr intelligentem und sanftmütigem Ausdruck. Die Ohren sind mittelgroß (nie schwer) und in einer Linie mit der Augenhöhe angesetzt und liegen dicht am Kopf. Der Hals ist lang und liegt in gut zurückgelagerten Schultern, um auch eine schwere Beute tragen zu können. Um diese Arbeit zu bewältigen, wird er von kräftigen, knochenstarken, gerade gestellten Vorderläufen und gut gepolsterten, Stoß auffangenden runden Katzenpfoten unterstützt.
Dabei, und beim Tragen von beachtlicher Beute hilft ihm ein kräftiger, gut bemuskelter Rücken.
Der Brustkorb ist mächtig und tief, mit guter Rippenwölbung, damit genügend Raum für Herz und Lunge vorhanden ist. Die Hinterhand ist kraftvoll, stark knochig und gut gewinkelt: die Sprunggelenke sind relativ tief angesetzt, damit der Golden genügend Antrieb und Schub entwickeln kann. Die gut befederte Rute ist am Ansatz breit und reicht bis zum Sprunggelenk.

Der Labrador Retriever

Mitte des 19. Jahrhunderts begannen der »Dritte Earl of Malmesbury« auf seinem Landgut in Südengland und »The Fifth Duke of Buccleugh« und dessen Bruder »Lord John Scott« hoch oben in Schottland diese Hunde so rein wie möglich zu züchten. In einem Brief an den Duke of Buccleugh schreibt der Earl of Malmesbury unter anderem: »... die Rasse mag wegen des dichten Felles, welches das Wasser abstößt wie Öl, bekannt werden, sicher aber vor allem wegen der Rute, die wie die eines Otters aussieht.« Die neue Rasse erregte Aufsehen bei den Treibjagden. Weitere Großgrundbesitzer gründeten eigene Zuchtlinien. Die Rasse erreichte in kürzester Zeit einen enormen Beliebtheitsgrad und wurde gegen Ende des 19. Jahrhunderts vom Englischen Kennel Club als eigenständige Rasse anerkannt. 1899 wurde der erste gelbe Labrador »Ben of Hyde«, aus zwei schwarzen Eltern geboren, im Stammbuch registriert. Dazu ist zu bemerken, dass schon immer gelbe Welpen fielen, aber bis zu diesem Zeitpunkt wurde nur mit schwarzen Hunden gezüchtet, da ja die ersten Hunde aus Neufundland, wie schon erwähnt, alle schwarz waren. Nun wurde erkannt, dass auch der gelbe Schlag mit den gleich guten Anlagen bestückt war. Er erregte Aufsehen und hatte bald viele Anhänger. Dieser Enthusiasmus für etwas anderes, etwas Exotisches, trug schnell Früchte: Um 1920 waren mehr Gelbe als Schwarze an Ausstellungen oder an den Jagdsportveranstaltungen (Field Trial) zu sehen. Die braune Farbe war natürlich auch immer vorhanden, wurde aber vor dem Zweiten Weltkrieg von ganz wenigen Züchtern gepflegt, der Aufschwung erfolgte später. Es wurde erst seit den Siebzigerjahren des letzten Jahrhunderts systematisch auf diese Farbe gezüchtet.

Der Labrador ist ein kräftig und vierschrötig gebauter, bodenständiger Hund. Es gibt ihn in den Farben schwarz, gelb und braun (chocolate).

Erweiterter Rassestandard

Der Labrador Retriever ist ein kräftig und vierschrötig gebauter, mittelgroßer, recht urtümlich wirkender Hund. An ihm gibt es keine Ecken und Kanten – er ist überall schön abgerundet. Wer einen eleganten, stromlinienförmigen Hund erwartet, wird nicht auf seine Kosten kommen, denn im Hinblick auf die Anforderungen, die an diesen Jagdhund gestellt wurden, ist dieser wuchtige Körperbau unerlässlich. Bedauerlicherweise ist er als der »dicke Hund« verschrien, weil oft mangelnde Substanz bei Hunden aus gewissen Massenzuchten mit zu viel Fett kompensiert wird.
Schwarz, Gelb und Braun sind die drei möglichen Farben dieser Rasse.
Der »Earl of Malmesbury« hat das Fell sehr schön beschrieben: »... wegen des dichten Felles, welches das Wasser abstößt wie Öl ...«
Als Allwetter- und Wasserhund muss der Labrador gut geschützt sein. Er hat diesen legendären wetterbeständigen »double coat«, bestehend aus dem dichten, sich harsch anfühlenden Stockhaar, dem Deckhaar (das über der Rückenpartie je nach Zuchtlinie ein leicht gewelltes Muster bilden kann) und eben der dichten, weichen Unterwolle. Durch spezielle Talgdrüsen wird das Fell fortlaufend imprägniert, und wenn man darüberstreicht, hat man leicht ölige Hände!

Der Labrador gilt als »der menschenfreundliche Hund«, ist er doch unter anderem als Blindenführhund die Rasse Nummer eins der Welt. Dies bedeutet, dass er friedliebend sein muss und seine Reizschwelle sehr hoch liegt. Sein unermüdlicher Wille, immer zu gefallen (»will to please«) und alles für seinen Menschen zu geben, beeindruckt immer wieder.

Der Kopf ergibt ein harmonisches Gesamtbild mit leicht gerundetem, breitem Schädel, einem gut markierten Stopp und einem breiten, tiefen Fang. Die Distanz vom Nasenschwamm zum Stopp ist gleich lang wie die Distanz vom Stopp zum Hinterhauptbein. Die Kiefer sind kräftig, die Lefzen sind satt anliegend.
Die Augen sind mittelgroß, ihre Farbe ist mittelbraun oder haselnussfarben. Die Augenlider sind mandelförmig geschnitten.

Der Schädel ist breit und leicht gerundet, der Fang ist kräftig, breit und tief, das Auge ist mittelbraun oder haselnussfarben.

Der Labrador Retriever

Der Ausdruck des Labradors ist sanft und strahlt Gemütlichkeit, Freundlichkeit und Intelligenz aus.

Beim braunen Labrador sind die Lefzen und der Nasenspiegel fleisch- oder leberfarben.

Der Labrador ist ein unermüdlicher und äußerst zuverlässiger Jagdgebrauchshund.

Die Behänge sind nur mittelgroß und, in einer geraden Linie vom äußeren Augenwinkel her gesehen, eine Spur höher und relativ weit hinten angesetzt.

Der Hals ist kräftig, muskulös und genügend lang, damit dieser Apportierhund seine Beute mit Leichtigkeit aufnehmen kann. Er ist in gut zurückgelagerte Schultern eingebettet.

Die Vorhand besteht aus einem lang geformten Schulterblatt und einem genügend langen Oberarm, die zusammen einen Winkel von 90° bilden sollen, gerade gestellten, knochenstarken Läufen, mit kräftigem Mittelfuß und gut gepolsterten, runden, mittelgroßen Pfoten.

Der Rücken ist gerade, kurz und kräftig.

Die Vorbrust ist breit und gut ausgebildet. Der Brustkorb ist tief und reicht bis zum Ellenbogen. Die Rippenwölbung ist ausgeprägt und erscheint fassförmig.Die Lende ist breit und tief. Die Rute ist in einer geraden Linie zum Rücken getragen. Sie ist an der Basis sehr dick (Otterrute) und reicht bis zum Sprunggelenk.

Die Hinterhand muss viel Kraft entwickeln. Daher sind die Oberschenkel kraftvoll, das Knie ist gut gebogen und die muskulösen Unterschenkel sind lang und münden in tief gestellte Sprunggelenke. Die Pfoten sind mittelgroß und haben kräftige Zehen.

Der Nova Scotia Duck Tolling Retriever

Der Toller ist ein kraftvoller, kompakter Retriever in einem kleineren Körper als die anderen fünf Retrieverrassen.

Die Geschichte des Retrievers aus Kanada ist über hundert Jahre alt. In Europa ist er aber erst ungefähr seit 1983 bekannt, als der erste Wurf in Dänemark fiel. Über die Niederlande und die Skandinavischen Länder erfolgte der Siegeszug dieser Rasse seit nunmehr fast 30 Jahren. Der Toller ist im Kommen!

Laut Berichten des kanadischen Tollerclubs entstand die Rasse aus einheimischen Bauernhunden und Entenhunden. Den Einfluss der Bauernhunde findet man heute in einigen Tollern immer noch: Ihr Hüte- und Wachtrieb kann ausgeprägter als der Bringtrieb sein!

Im Meer der Vermutungen kann man nun durchaus einen Zusammenhang des Letzteren mit den holländischen Entenhunden (Koojker Hondje), die mit Siedlern auf dem nordamerikanischen Kontinent auftauchten und in den Gegenden der großen Seenplatte und dem unendlichen Farmland in der Mitte Kanadas lebten. Dieses Gebiet war auch der Lebensraum der Urbevölkerung, der Indianer. Die Legende erzählt, dass die zukünftigen Krieger im Knabenalter ihre Geschicklichkeit als Entenjäger (»Kutenai«) unter Beweis stellen mussten. Entenfleisch gehörte wie der wild wachsende Hafer »Manomin« zur Grundnahrung der verschiedenen Indianerstämme. Auf diesen Jagdzügen wurden die Knaben von kleinen rotweißen Hunden begleitet, die immer wieder aus dem Gebüsch heraus zum Wasser liefen und mit ihren spielerischen Bewegungen und pfeifenden Lauten die Enten auf sich aufmerksam machten, um dann sofort wieder im Gebüsch zu verschwinden und andernorts wiederum aufzutauchen. Enten sind außerordentlich neugierige Geschöpfe – sie folgten den lustigen Hunden und wurden im Wasser und in der Luft durch die Pfeile der Indianerknaben erlegt. Die Hunde wiederum apportierten die Beute aus den oft eiskalten Gewässern.

Die rotweißen Hunde kommen in der Legende vor – hier ist es nun jedem selber überlassen anzunehmen, ob ein Zusammenhang zwischen den Indianerentenhunden und den Siedlerentenhunden bestand.

Mit der Ausrottung und/oder der Verbannung der indianischen Restbevölkerung in Reservate sind auch die meisten dieser Entenhunde verschwunden. Soweit die Legende. Die Reinzucht in Kanada begann um 1945 mit der Registrierung von 12 Hunden. Die Zuchtbasis im Ursprungsland blieb schmal – bei uns in Europa hingegen haben sich viele Zuchtlinien entwickelt.

Der Toller ist ein aktiver, lustiger Hund, der mit seinem großen Verstand in vielen Sparten als Multitalent zu finden ist: sei es als Jagdgebrauchshund, als Sporthund (als absoluter Star im Agility), in erster Linie aber als Familienhund, als unermüdlicher Begleiter und Spielkamerad der Kinder.

Erweiterter Rassestandard

Als kleinster der sechs Retrieverrassen kann der Toller immer noch als mittelgroß bezeichnet werden. Der Toller gilt als intelligent, sehr ausdauernd und zeigt einen großen Arbeitswillen. Er ist ein passionierter Schwimmer. Sein ausgeprägter Spieltrieb und seine Lebhaftigkeit sind die Basis für sein ursprüngliches Arbeitsgebiet, das Locken.

Sein Erscheinungsbild zeigt einen kräftigen, kompakten, harmonisch gebauten Apportierhund mit einem Wasser abstoßenden, mittellangen, sich weich anfühlenden, glatten (eine leichte Wellung ist erlaubt) Haarkleid mit Unterwolle von roter bis oranger Farbe, wobei die Befederung und die Unterseite der Rute einen helleren Farbton haben können. Weiße Farbmarkierungen an den Pfoten, der Rutenspitze, an Brust und als Blesse am Kopf runden das Bild ab, wobei fehlende Markierungen nicht als Fehler gelten. Die Pigmentierung von Lefzen und Augenlidern ist meist fleischfarben, kann aber hie und da auch schwarz sein.

Der Kopf besteht aus einem breiten und nur leicht gerundeten Schädeldach. Der Fang ist breit im Ansatz, verjüngt sich zum Nasenschwamm hin und ist im Profil leicht keilförmig. Seine Wangenpartie ist fein ziseliert und seine Kiefer müssen kräftig sein, um Beute von erheblichem Gewicht tragen zu können.

Die Augenlider sind mandelförmig geschnitten und die Augen sind genügend weit auseinander eingesetzt. Sie sind bernsteinfarben bis braun.

Tolling Retriever

Der Kopf ist gut geschnitten und leicht keilförmig. Der Schädel sollte nicht rund und stark gewölbt, sondern eher flach sein. Weiße Abzeichen auf der Brust und auf dem Nasenrücken sind erwünscht, aber nicht zwingend.

Die Behänge sind mittelgroß, dreieckig und weit hinten angesetzt. Sie sind am hinteren Teil befedert.
Sein Körperbau ist kompakt und von guter Knochenstärke. Sein Hals ist von mittlerer Länge und stark bemuskelt. Der Rücken ist kurz und gerade, die Lende kräftig. Sein Brustkorb ist lang gezogen, gut gerundet, aber nicht übertrieben, damit der Bewegungsablauf der Vorhand frei und ungehindert ist. Er reicht tief bis auf die Höhe der Ellenbogen. Der Bauch ist leicht aufgezogen.
Die Vorhand hat eine gut zurückgelegte Schulter. Der Oberarm ist gleich lang wie das Schulterblatt, die Läufe sind gerade und von guter Knochenstärke; der Vordermittelfuß ist leicht schräg gestellt. Die Pfoten der Vorhand sind mittelgroß, mit gut gepolsterten, Stoß auffangenden Ballen und mit Schwimmhäuten versehen.
Die Hinterhand muss kräftig und muskulös sein. Das ist für diesen passionierten Schwimmer unabdingbar. Das Kniegelenk ist gut gewinkelt, die Sprunggelenke sind tief angesetzt.
Die Rute ist in einer leicht abfallenden Kruppe angesetzt und reicht mindestens bis zum Sprunggelenk. Sie soll üppig befedert sein und unterhalb der Rückenlinie getragen werden. Im aufmerksamen Zustand wird sie hoch getragen, soll aber den Rücken nicht berühren.

Der Toller hat Wasser abstoßendes dichtes Haar von mittlerer Länge mit weicherer dichter Unterwolle.

Tolling Retriever

Die weißen Abzeichen an Pfoten und Kopf sollten nicht zu ausgedehnt sein, damit der Toller möglichst fuchsähnlich aussieht. Der Nasenspiegel kann fleischfarben oder schwarz sein.

Aus der Retriever

- Kinderstube

Retriever-Kinderstube

Neugeborener Curly

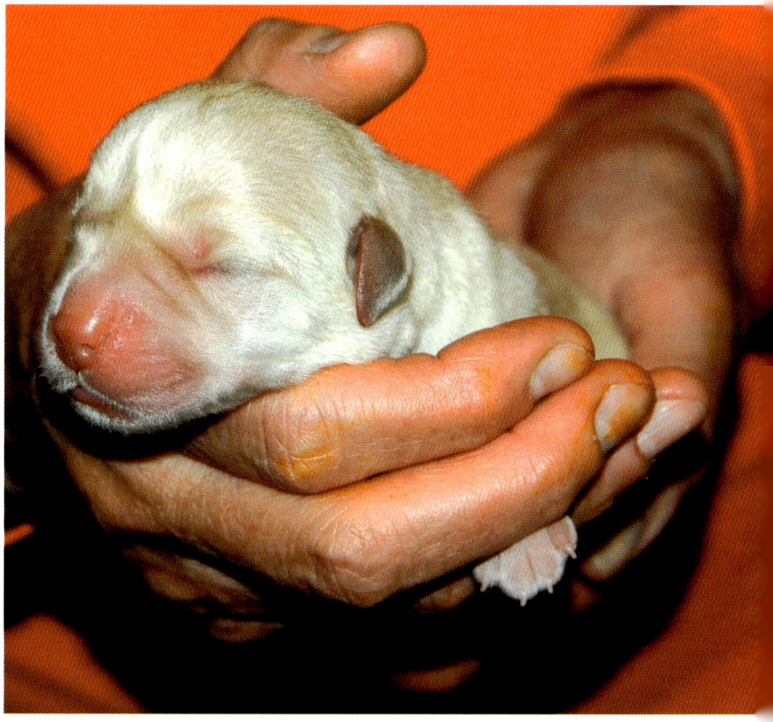

Neugeborener Labrador

Retrieverwelpen sind bei der Geburt (je nach Rasse) ca. 250 bis 500 g schwer.

Während der ersten zwei Wochen brauchen die Welpen Ruhe, viel Schlaf und Nestwärme. Sie werden von ihrer Mutter ernährt und gepflegt. Ihre Augen sind noch geschlossen. Die Welpen können noch nicht gehen, sondern bewegen sich robbenartig vorwärts. Sie werden aber mit jedem Tag kräftiger und bald zeigen sich Ansätze eines noch unsicheren Ganges. Nach ungefähr zwei Wochen öffnen sich Augen und Ohren und die nähere Umgebung wird wahrgenommen.

Für den Züchter ist dieser Moment, in dem die Welpen mit ihm Kontakt aufnehmen, wohl einer der beglückendsten im Züchteralltag.

Während der ersten drei Lebenswochen konnten die Welpen durch die tägliche Betreuung durch den Züchter mit dem Menschen Bekanntschaft machen. Dadurch wird die Sozialisierungsphase eingeleitet.

Nun wird es spannend in der Wurfkiste. In der dritten Woche brechen die spitzen Milchzähne durch. Für den Züchter ist die Zeit der Zufütterung gekommen.

Welpen sind bei der Geburt blind und taub. Neugeborene Chesapeake.

Mit vier Wochen sind die Welpen schon sehr aktiv und die Wurfkiste wird zu klein. Bald wird das Welpengehege bezogen. Spielen, schlafen und zwischendurch bei der Mutter trinken, so gestaltet sich der Tag. Es finden nun immer wieder kleine Kampfspielchen statt, wodurch unter anderem die Beißhemmung und das Sozialverhalten Artgenossen gegenüber entwickelt werden.

Die bis anhin pflegende Mutterhündin wird nun zur Erzieherin. Damit leistet sie einen wesentlichen Beitrag zur Sozialisierung. Der Züchter unterstützt die Hündin, sorgt für viel Abwechslung und Besuch im und rund ums Welpengehege. Er konfrontiert die Welpen mit immer neuen Alltagsbegebenheiten.

Ab der sechsten Woche beginnt für die Welpen das Impfprogramm gegen diverse Infektionskrankheiten. Im Alter von acht bis zehn Wochen verlässt der Welpe, der inzwischen ein beachtliches Gewicht (sechs bis zehn Kilogramm, je nach Rasse) zugelegt hat, seine Wurfgeschwister und wächst bei seinem neuen Besitzer langsam zum jungen Hund heran.

Geborgen in der Wärmebucht der Hundemutter, oben Labrador, unten Curly Coated Retriever.

Die Mutterhündin hat sich von der pflegenden, selbstlosen Mutter zur Erzieherin und Spielkameradin gewandelt.

Erst einige Tage alt: Golden-Welpe

Noch unzertrennlich: Golden Retriever-Wurf

Retriever-Kinderstube

Retriever-Welpen entdecken die Welt: Golden (oben), Chesapeake (rechts), Labrador (ganz rechts)

5

Retriever-Kinderstube

Der Umgang mit anderen Lebewesen gehört zum Lehrgangsprogramm in der Welpenkinderstube.

Gemeinsam sind wir stark!

Retriever sind unternehmungslustig und entwickeln sich zu Forschernaturen.

Erstmals im großen Welpenauslauf ist man noch etwas skeptisch: Vorsicht ist die Mutter der Porzellankiste!

Kinderstube

Erdspuren auf der Nase ... Welpen graben gerne Löcher!

Golden (oben)
Horizonterweiterung in Feld und Wasser
(Flat, rechts)
Wohlverdiente Ruhepause (Flat, unten)

Welpenzähne, nichts ist
vor ihnen sicher (links).
Chesapeakewelpe auf dem
Pirschgang im gut getarnten
Ausguck (unten).

Na, wer kommt denn da?

Aufforderung zum Spiel.

Retriever-Kinderstube

Der kleine Toller gönnt sich eine Verschnaufpause.

Retriever – der Wasser-

und Allwetterhund

Wasser ist das liebste Element für Retriever. Es hat eine magische Anziehungskraft und wird meist im Sprung angenommen. Beide Hunde Labrador Retriever.

Ursprünglich war er der Hund der Fischer und der Jäger. Wasser war schon vor 200 Jahren sein liebstes Element, das Höchste aller Dinge, und ist das auch heute noch. Es kommt ihm überhaupt nicht darauf an, was ihm für eine Wasserquelle zur Verfügung steht, denn von der kleinsten Pfütze, Brunnen, Bach, Fluss und See bis zum unendlichen Meer wird er sich für alles »Nasse« begeistern lassen. Nach dem Motto: »Hauptsache, man wird nass!«

Sollten Sie sich also ernsthaft mit der Anschaffung eines Retrievers befassen, müssen Sie seine enorme Wasserfreude in Kauf nehmen. Dabei kann es vorkommen, dass Sie auf Spazierwegen, die an Gewässern entlangführen, alleine wandern, weil Ihr Retriever den Wasserweg wählt. Er wird dann von Zeit zu Zeit patschnass kurz nachschauen kommen, ob Sie noch in der Nähe sind. Aus Erleichterung, Sie gefunden zu haben, wird er sich nun kräftig neben Ihnen schütteln, vorher hatte er dazu noch gar keine Zeit. Wenn Sie Glück haben, sind gerade keine anderen Spaziergänger in Ihrer Nähe, sonst kann es Ihnen blühen, dass Sie die Reinigungskosten für einen neuen Frühlingsmantel übernehmen müssen ...

Dass alle Retrieverrassen »unausgeschüttelt«, also klatschnass herankommen, hat seine Begründung darin, dass vom ursprünglichen Jagdhelfer verlangt wurde, die erlegte Beute so schnell wie möglich abzuliefern, um sich dann erst nach der Übergabe, um keine Zeit zu verlieren, zu schütteln. Diese Anlage, sich enthusiastisch in jedes Gewässer zu stürzen, findet sich noch in sehr ausgeprägter Form auch in jenen Zuchtlinien, die schon seit vielen Generationen nicht mehr im Jagdeinsatz stehen. Zur ausgeprägten Wasserfreude dieser Rassen ist noch zu sagen, dass diese Hunde das Wasser nicht etwa sanft annehmen, sondern sich jeweils mit einem kühnen Sprung in die Fluten stürzen. Diese enorme Passion wird dem Retriever hie und da zum Verhängnis, denn viele Gewässer sind heute durch Kunstbauten eingeengt oder bergen andere Gefahren. Daher ist es wichtig, dass Sie vorbeugend eingreifen, das heißt, Ihren Hund nur an für ihn ungefährlichen Ufern seine Passion ausleben lassen.

Der Retriever ist ein wunderbarer, aktiver Begleiter auf Bergwanderungen. Aber auch hier lauern ihm Gefahren: Die vielen Bergbäche mit ihren reißenden Fluten, oft noch gespickt mit Felsbrocken, die noch zusätzlich Wirbel und starke Strömungen verursachen, üben eine magische Anziehungskraft auf ihn aus. Hier muss er unbedingt durch Sie vor Schaden bewahrt werden, denn die Kraft des Wassers wird oft unterschätzt. Die Ausstiegsmöglichkeiten sind bei Wildbächen sehr rar und bei korrigierten Gewässern durch Mauern oft unmöglich. Auch im Winter droht von solchen Gewässern eine erhebliche Gefahr, wenn sie teilweise mit Eis bedeckt sind. Es sind uns einige Hunde bekannt, die den Tod fanden, weil sie an irgendeiner Stelle einbrachen und dann unter der dicken Eisdecke von den Fluten mitgerissen wurden und elendiglich ertranken.

Toller (oben),
Flatcoat (unten)

Sollten Sie Besitzer eines Schwimmbades sein, müssen Sie hier die nötigen Vorkehrungen treffen, damit Ihr wasserfreudiger Hund immer eine Ausstiegsmöglichkeit hat (zum Beispiel eine Holzplanke), denn die vertikal angebrachten Treppen sind für jeden Hund unüberwindbar. Sollte dies nicht möglich sein, sollten Sie den Pool einzäunen – sonst kann es passieren (ist es schon ...), dass Ihr Hund vor Erschöpfung ertrinkt.
Sie sehen, mit einem wasserfreudigen Hund kann man viel erleben ... Es liegt in Ihrer Hand, wie Sie ihn diesen ausgeprägt vorhandenen Trieb ausleben lassen. Er wird Ihnen unermüdlich mit höchster Begeisterung Stöcke aus dem Gewässer apportieren, denn inzwischen wissen Sie, dass im Rassestandard Ausdauer verlangt wird. Gerade im Zusammenhang mit Wasser wird er Sie von seiner Ausdauer her überzeugen. Diese Ausdauer verleitet aber oft auch die Kinder, dieses lustige Spiel bis zum »Gehtnichtmehr« auszudehnen. In dieser Situation sind wiederum Sie derjenige, der den Hund vor dem »Zuviel« bewahren und das interessante Spiel früh genug abbrechen muss.
Eine wichtige Regel ist bei Wasserhunden unbedingt zu beachten: Lassen Sie den Hund immer ohne Halsband schwimmen, denn es besteht die Gefahr, dass er sich mit der Vorderpfote im Halsband verheddern könnte. Es würde ihn dann unweigerlich auf den Rücken drehen und er müsste elendiglich ertrinken.

Kraftvoller Bewegungsablauf durch das seichte Ufergebiet, um dann im tiefen Wasser mit ruhigen, aber effizienten Schwimmzügen zur Beute zu gelangen.

Das Haarkleid des Retrievers ist Wasser abstoßend und durch instinktiv kräftiges Schütteln schützt er sich noch zusätzlich.

Der Wasser-

Der Wasser-

und Allwetterhund

Der Wasser-

Sinnend schaut der Chesapeakerüde übers Wasser. Ob er wohl unbewusst nach seinen Urahnen Canton und Sailor Ausschau hält?

und Allwetterhund

Der Wasser-

Flatcoated Retriever

und Allwetterhund

Flathündin: Mit flatternden Ohren rein ins Vergnügen!

Retriever – der Freund durch dick

Familienhund und
und dünn

Der Familienhund

Retriever sind in der Regel unkomplizierte Familienbegleiter, Bedingung ist aber, dass sie auch von den Kindern respektiert werden, dann ergeben sich »dicke Freundschaften«. (oben Labrador, unten Toller)

»Oh, unser Hund hat keine bestimmten Aufgaben – er ist einfach nur ein Familienhund!« Dieser simple Spruch ist die Untertreibung des Jahres, denn ein Familienhund hat viele verschiedene Aufgaben, wobei er die meisten davon mit Bravour erledigt. Dabei ist sich oft der Besitzer gar nicht bewusst, wie vielseitig eigentlich sein Hund ist – er nimmt es als selbstverständlich hin.

Retriever sind tatsächlich ideale Familienhunde, weil sie intelligent und wesensfest sind. Dazu sind sie spielfreudig, lieben Geselligkeit und sind sehr lernfähig, vorausgesetzt, ihr Mensch gibt ihnen die nötigen Hilfen und respektiert sie. Sie wollen mit den Menschen zusammenleben, immer und überall. Sie sind Alleskönner, Allrounder, weil sie anpassungsfähig sind. Deshalb sind sie auch in der Lage, gegenüber den diversen Familienmitgliedern verschiedene Verhaltenweisen zu entwickeln. Mit dem Teenager bestreiten sie »Boxkämpfe«, mit den kleineren Kindern spielen sie Versteck, neben der Oma bleiben sie geduldig sitzen, der Mama helfen sie bei der Gartenarbeit, den Papa begrüßen sie nach einem schweren Arbeitstag freudig, wenn er nach Hause kommt. Ansonsten sehen sie überall nach dem Rechten und verteidigen Hab und Gut.

Retriever sind am glücklichsten, wenn sie an den Familienaktionen teilhaben können: als Begleiter auf Wanderungen im Tal, auf den Bergen, an Flüssen, Seen und am Meer, beim

Retriever sind sehr einfühlsame und anpassungsfähige Begleiter behinderter Menschen.

Joggen oder Walken, beim Picknick im Wald oder beim Badespaß. Dabei sein ist alles. Retriever sind allgemein als kinderfreundlich bekannt. Hunde können für Kinder tolle Freunde sein, mit der Voraussetzung, dass sie von ihnen als ein anderes Lebewesen respektiert werden. Kinder, die mit Hunden aufwachsen dürfen, bewegen sich näher am Lebenszyklus. Sie erfahren mehr über neues Leben, Wachstum, Entwicklung, Partnerschaft, gesunde und kranke Tage und auch über das Sterben. Sie lernen innerhalb des Familienverbandes Verantwortung gegenüber dem schwächeren, von uns abhängigen Lebewesen zu tragen und entwickeln mehr Verständnis und Sensibilität für den anderen, das heißt: Sie sind offener für ihre Umwelt.

Familienidylle bei Chesapeake Bay Retrievers. (Das Muttertier ist so kurze Zeit nach dem Wurf stark abgehaart.)

Der Chesapeake-Torwart und seine Assistentin!

Zuwendung, Vertrauen und Respekt sind die Schlüssel zur intakten Mensch-Hund-Beziehung.

Spiel und Spaß und viel
Bewegung – Freude pur!

Der Familienhund

Retriever sind tolle Wanderkameraden (Curly) und dankbare Picknickteilnehmer (Golden)!

Auf geht's zum Toller-Treff!

Helfer auf vier Pfoten

Es ist vor allem die ausgeprägte Suchfreude der Retriever, die sie auf verschiedenen Gebieten zum Helfer des Menschen werden ließ. Hinzu kommt ihr ausgeprägter Spieltrieb und ihre Belastbarkeit, die es erst ermöglicht, von ihnen eine sehr exakte Gehorsamsleistung zu verlangen, ohne dass sie in ihrer Leistungsfähigkeit nachlassen oder an ihrer fröhlichen Wesensart Schaden nehmen.

Um den vielen Formen der Rettungshundearbeit Genüge zu tun, braucht es belastbare Hunde, die auch in brenzligen Situationen zuverlässig arbeiten. Retriever haben sich bei unzähligen Vorkommnissen als Rettungshunde bewährt und sind zuverlässige Helfer des Menschen. Als Lawinenhunde sind sie trotz der großen technischen Errungenschaften nicht wegzudenken. Sie leisten Großartiges bei Erdbeben- und anderen Naturkatastrophen. Sie bewähren sich bei Polizei und Grenzschutz als Flächensuchhunde und erbringen große Leistungen im Bereich Drogen und Sprengstoff (Minen) als Suchhunde. Sie können Epileptiker vor einem Anfall rechtzeitig warnen. Sie führen blinde und sehbehinderte Menschen durch den Alltag und geben ihnen Unabhängigkeit und Lebensqualität zurück. Sie sind Menschen im Rollstuhl unentbehrliche Assistenten. Als Therapiehunde für geistig Behinderte und bei Schwerstkranken vermitteln sie Wärme und Zuneigung.

Nun ist auch der bestveranlagte Hund nur unter bestimmten Bedingungen in der Lage, eine Ausbildung in den oben genannten Bereichen zu verkraften und zum tüchtigen und verlässlichen Helfer zu werden.

Einmal ist eine seriöse Zucht dieser Tiere vorauszusetzen, die sich nicht nur auf die äußere Erscheinung konzentriert, sondern ebenso der charakterlichen Veranlagung die nötige Aufmerksamkeit schenkt. Ohne dies gelingt es auf lange

Labrador und Kreuzungen Labrador x Golden Retriever zählen weltweit zu den zuverlässigsten Führhunden.

Retriever sind dank ihres liebenswürdigen und geduldigen Wesens ideale Begleiter und Helfer von behinderten Menschen.

Sicht nicht, Retriever zu züchten, die ihrem Ruf als wesensfeste und belastbare Tiere weiterhin gerecht werden.

Zum anderen müssen sich die Züchter ihrer Verantwortung für die Wesensbildung während der Aufzucht bewusst sein und entsprechende Vorkehrungen treffen. Denn bis etwa zur zwölften bis sechzehnten Lebenswoche ist der Welpe so unerhört aufnahmefähig wie später nie mehr. Man spricht von der Prägungsphase. Das heißt, dass sich alles, was ein Welpe in dieser Zeitspanne erlebt, ihm tief einprägt und ihm auch nach seiner Geschlechtsreife vertraut sein wird. Was ihm aber während dieser Lebensphase nicht begegnet, womit er nicht konfrontiert wird, was er nicht erlebt, wird ihn später verunsichern. Das bezieht sich auf alle jene Erscheinungen, mit denen er später beim Besitzer konfrontiert sein wird. Hatte ein Welpe beispielsweise beim Züchter kaum Kontakte zu fremden Personen oder zu Kindern, wird er sich

Der Lawinenhund ist dank seiner hervorragenden Nasenleistung immer noch einer der zuverlässigsten Retter.

ihnen gegenüber als erwachsenes Tier stets unsicher fühlen. Je nach Grundanlage wird er dann ausweichend oder aber aggressiv auf sie reagieren. Dabei machen die Retriever keine Ausnahme.

Dem Züchter obliegt somit die Aufgabe, seinen Welpen ein Umfeld zu bieten, das mit allen Objekten und Geräuschen belebt ist, auf die er zwangsläufig beim späteren Besitzer treffen wird.

Züchter, die diese Aufgabe aus Unkenntnis oder Bequemlichkeit nicht akzeptieren und ihr nicht tatkräftig gerecht werden, bringen selbst aus diesen begabten Rassen nicht jene Tiere hervor, von denen in diesem Kapitel die Rede war. Sie werden aber auch nicht Retriever hervorbringen, die als Familienhund ein vorzügliches Verhalten an den Tag legen werden, wie es ihnen bei fachgerechter Förderung im Welpenalter eigentlich möglich gewesen wäre.

Man-trail ist eine Menschensuche unter schwierigsten Bedingungen. Das Riechhirn des Hundes hat ca. 220 Millionen Riechzellen, das des Menschen knapp acht Millionen.

Retriever unterstützen Grenzschutz und Polizei als Spürhunde und leisten Großartiges im Kampf gegen Terroristen und Drogen.

Retriever – der Jagd-

und Sporthund

Der Jagdhund

Retriever wurden ursprünglich wegen ihres ausgeprägten Bringtriebes rein gezüchtet und der schlummert auch heute in jedem Retrieverwelpen!

Nachdem in unseren Breitengraden die kontinentalen Jagdhunderassen in der zweiten Hälfte des letzten Jahrhunderts die beliebtesten Begleiter der Jägerschaft waren, änderte sich dieses Bild spätestens in den Siebzigerjahren, als vor allem der Labrador mit seinen zuverlässigen Arbeitsanlagen im Einsatz nach dem Schuss als Apporteur zu Wasser und zu Land, und als Schweißhund Furore machte. Mittlerweile sind auch die anderen Retriever als Jagdbegleiter anzutreffen, vor allem die Chesapeake (bekannt als die härtesten Retriever) haben ihre Liebhaber gefunden. Aber auch der Flat und der Toller sind im Jagdgebrauch immer öfter anzutreffen.

Die Retriever haben in den letzten 20 Jahren den kontinentalen Jagdhunden den Rang abgelaufen. Sie sind beliebte Arbeitshunde im Revier, auf dem Entenstrich, auf Treibjagden und an Field Trials.

Der Jagdsporthund

Der Jagdsport (Englisch Field Trial) hat seine Wurzeln in England und erfreut sich dort vieler Anhänger. In den letzten 30 Jahren haben sich solche Anlässe auch in der Retrieverszene auf unserem Kontinent etabliert und sind hier nicht mehr wegzudenken. Jagdsportliche Betätigung kann in verschiedenen Disziplinen ausgeübt werden: von der Arbeit mit dem Dummy (ca. 500 g schwerer Leinensack) an so genannten Workingtests, zu Prüfungen mit kaltem Wild bis zum Field Trial, wo das lebende Wild hochgetrieben und geschossen wird. Die Rasseclubs bieten Lehrgänge und organisie-

Flatcoat bei der Wasserarbeit.

ren Prüfungen, wobei Arbeitssiegertitel erworben werden können. Dank dieser Angebote können viele Retriever von ihren Besitzern, die nie jagen würden, trotzdem die natürlichen Anlagen des Jagdhundes, die sie mitbringen, ausleben. Bereits in der Arbeit mit dem Dummy steckt sehr viel Aufbauarbeit und erfordert vom Hund hohe Konzentration, Ausdauer, Suchwille, gepaart mit einem hohen Bringtrieb. Vom Führer werden nicht minder hohe Ansprüche gefordert, denn er ist es, der es in der Hand hat, wie gut sein Hund schlussendlich seiner Aufgabe gewachsen ist. Retriever sind begeisterte Jagdhelfer und bringen, wenn aus sorgfältig gezüchteten Linien, alle erwünschten Anlagen für diese anspruchsvollen Einsatzgebiete mit.

Toller zeigt viel »Schneid« und Tempo bei seiner Dummyarbeit.

Fast retrieve, das möglichst schnelle und effiziente Zurückbringen der Dummies, ist eine Spezialität der Field Trial Labradors.

Dummyarbeit ist ein sinnvoller Ersatz für die Arbeit am Wild. Der Curly Coated Retriever, die größte der sechs Retrieverrassen, apportiert sein Dummy mit Eleganz, aber etwas weniger Tempo.

Der Jagdsporthund

Dummyarbeit ist Jahreszeiten unabhängig: Winterfreuden eines Golden Retrievers.

Der Sporthund

Aufgrund ihres Körperbaus und ihrer gut entwickelten Auffassungsgabe sind alle sechs Retrieverrassen begeisterte und ausdauernde Hundesportler. Aber Voraussetzung für einen gesunden und leistungsfähigen Sporthund, ist wie schon im Kapitel Helfer auf vier Pfoten erwähnt, eine sorgfältige Aufzucht aus wesensfesten Linien und ein systematischer Aufbau in körperlicher wie in geistiger Hinsicht. Die Retriever sind ungemein lerneifrig und unermüdlich. Daher ist es wichtig, dass der Besitzer im Aufbau und in der Ausbildung seines pelzigen Freundes Schritt für Schritt vorgeht. Mit der neuen Lerntheorie unter sorgfältiger Leitung von erfahrenen Experten gibt es heute viele Möglichkeiten und Hilfsmittel für die Erarbeitung und Bildung des Traumteams Mensch und Hund.

Disziplinen im Hundesport, die Nasenarbeit beinhalten, sind alle auf die Retriever zugeschnitten und bieten ideale Einsatzgebie-

Der Sporthund

Keiner zu klein, Apportierhund zu sein!

te, sei das nun als Begleithund, als Sanitätshund, als Suchhund, als Fährtenhund oder als Rettungshund. Die Retriever sind bei der Lawinenhundearbeit immer wieder an vorderster Front zu finden und haben sich auch im Ernstfall als zuverlässige Partner der Rettungskolonne erwiesen.

Eine schon höhere Schule im Gehorsam fordert Obedience. Diese Disziplin besteht aus vielen Elementen der Unterordnung und erfordert höchste Präzision in der Ausführung. Somit muss auch da wieder erwähnt werden: Um in dieser Disziplin zu genügen, muss der Hund optimal geprägt sein und ein belastbares Wesen aufweisen.

Innerhalb der Hundesportvereine gibt es viele weitere Möglichkeiten, wie zum Beispiel Turnierhundesport, um mit seinem Retriever auch im Kreis anderer Rassen als Team Hund und Mensch tolle Stunden zu erleben.

Agility ist für alle Rassen etwas Spannendes, nur sind massiv gebaute Hunde (Labrador, Golden und Curly) den wendigen und agilen Flats oder dem Toller und dem Chesapeake etwas im Nachteil, sind aber nicht minder eifrig bei der Sache.

Immer mehr im Kommen ist die Wasserrettungsarbeit. Eine tolle Sache für Retriever, sind sie doch in ihrem liebsten Element im Einsatz: dem Wasser.

Folgen frei bei Fuß, der Flatcoat und sein Fuhrer zeigen eine gute Teamarbeit.

Agility: Der Sport für den Retriever

Flatcoat in der Disziplin Kriechen, einem Element aus der Unterordnung.

Retriever – der und Showstar

Ausstellungshund

Begutachtung eines Flatrüden in der Gebrauchshundeklasse.

Best in Show, das Siegerteam!

Jeder gute Züchter ist bestrebt, mit seiner Zucht dem Rassestandard, der bei der FCI hinterlegt ist, so nahe wie möglich zu kommen, allerdings nie auf Kosten der Gesundheit und der guten, für alle Retriever typischen Wesensveranlagung. Um den Gedankenaustausch mit anderen Züchtern und Rassespezialisten zu pflegen, wurden vor ca. 150 Jahren, zuerst in England, später auch auf dem Kontinent und in Amerika, Hundeausstellungen ins Leben gerufen. Heute sind Ausstellungen auf der ganzen Welt ein wichtiger Bestandteil im Hundewesen. Ausstellungen werden von den Landesverbänden und den Rasseclubs durchgeführt. Ziel ist es nach wie vor, dass der Züchter oder/und der Besitzer vom Experten ein Urteil über die Qualität der vorgeführten Hunde erhalten. Entsprechen sie noch dem Standard? Ist der eingeschlagene Weg der Richtige? Sind die rassespezifischen Punkte noch im hohen Maße vorhanden? Der Sinn der Ausstellungen ist auf keinen Fall, um jeden Preis gewinnen zu müssen, sonst ist der Leidtragende immer der Hund.

Aus verschiedenen Gründen hat der gute Züchter nicht immer die Möglichkeit, vielversprechende Jungtiere zu behalten. Er ist den jeweiligen Besitzern dankbar, wenn diese ihrerseits den Nachwuchs zu den Ausstellungen bringen. Der Züchter ist auf die Mitarbeit des Käufers angewiesen, denn erst bei diesem »Miteinander« kann die Qualität seiner Zucht zum Tragen kommen. Sehr oft gibt es auch Hundebesitzer, die aus Spaß an hundesportlichem Interesse ihre Hunde ausstellen.

Der Schönheitsrichter will einen sauberen und gepflegten Retriever in der so

Château de Sully, Nationale d'Elévage, Retriever Club de France.

Labrador im freien Stand vor dem Richtertisch.

In der Bewegung wird der Hund links geführt.

Die sechs Rassebesten stellen sich zur Auswahl des besten Hundes der Ausstellung.

genannten Ausstellungspose sehen. Er wird den frei stehenden oder den gestellten Hund im Stand begutachten und wird ihn am ganzen Körper abtasten, sein Gebiss kontrollieren und sein Gangwerk begutachten und bewerten.

Um dieser Aufgabe gerecht zu werden, hat sich der Schönheitsrichter über Jahre auf diese schwierige Aufgabe vorbereitet und wurde zusätzlich in Richterkursen geschult und geprüft.

Das Fell der langhaarigen Rassen bedingt eine regelmäßige Pflege. Dies ist im Alltag wichtig, aber ganz besonders natürlich an der Ausstellung.

Wie man sich und seinen Hund für die Ausstellung vorbereitet, kann man beim Rasseclub an speziellen Ringtrainings lernen.

Vom Aussteller erwartet man ein sportliches Verhalten. Gewinnen kann immer nur einer, und manchmal schneidet man nicht so gut ab, wie man das erwartet hat. Trotzdem hat man ja den »schönsten Hund«. Richter sind auch nur Menschen und »Schönheit« kann auf verschiedene Arten interpretiert werden. Enttäuschung überträgt sich auf den Hund, nur: Er begreift nicht, was er falsch gemacht hat. Deshalb lieber Leser: Die Hauptsache soll das »Mitmachen« sein. Wer weiß, vielleicht klappt es beim nächsten Mal besser!

Perfektes Handling

Wir sind die Schönsten im ganzen Land!

Impressionen aus den Showringen.

Curlies können freigestellt oder klassisch vorgeführt werden.

Letzte Vorbereitung vor dem Auftritt im Schönheitsring.

Mit dem Retriever durch die Jahreszeiten

Frühling

Frühlingserwachen: die Tage werden länger und es wird endlich wärmer. Das frische Grün beginnt zu sprießen, bunte Blumen blühen überall, auch unsere Retriever sind voll im Saft und genießen die Wärme und Helligkeit in vollen Zügen. Mit den wildesten Kapriolen rasen sie durch die neu erwachte Natur, wobei von uns Hundehaltern Rücksicht gefragt ist, denn kein Bauer schätzt es, wenn unsere Hunde sein hohes Gras platt walzen oder verschmutzen.

Labrador Retriever

Labrador Retriever

Frühling

Frühlingserwachen: die Tage werden länger und es wird endlich wärmer. Das frische Grün beginnt zu sprießen, bunte Blumen blühen überall, auch unsere Retriever sind voll im Saft und genießen die Wärme und Helligkeit in vollen Zügen. Mit den wildesten Kapriolen rasen sie durch die neu erwachte Natur, wobei von uns Hundehaltern Rücksicht gefragt ist, denn kein Bauer schätzt es, wenn unsere Hunde sein hohes Gras platt walzen oder verschmutzen.

Labrador Retriever

Labrador Retriever

Die Küstengebiete rund um den Atlantischen Ozean und die Seenplatte Kanadas, woher unsere Retriever ursprünglich stammen, sind während der Herbst- und Wintermonate eher kühle bis kalte Gegenden mit viel Niederschlag und Feuchtigkeit. Daher sind die Retriever mit einem dichten, Wasser abstoßenden und wetterfesten Haarkleid ausgestattet, das sie befähigt, sich in kaltem und feuchtem Klima wohl zu fühlen. Mediterrane Temperaturen bieten somit nicht unbedingt ideale Lebensbedingungen für diese Art von Hunden. Bei kühlem Wetter sind sie spritzig und lebhaft, bei warmem und heißem Wetter suchen sie Schatten und Abkühlung, sei das nun auf kalten Bodenfliesen, schattigen Terrassen oder im kühlen Gras, sei das nun im Trinkwasserbecken, im nächsten Brunnentrog oder irgendwelchem Gewässer. Das geschieht zum Selbstschutz, denn der Hund kann seinen Thermoausgleich nur über die Zunge und die Pfoten regulieren.

Retriever, die in wärmeren Gegenden gehalten werden, passen sich mehr oder weniger an dieses Klima an, indem sich ihr Haarkleid weniger üppig ausbildet. Dort eignen sie sich weniger für Parforceleistungen bei heißem Wetter tagsüber – Übungseinheiten sollten auf die kühleren Abend- und Nachtstunden verschoben werden. Wasser ist dann heiß begehrt.

Retriever lieben Schnee über alles und sind daher zu allen möglichen und unmöglichen Aktivitäten bereit! Zig Grad unter null werden sie auch nicht von einem Bad abhalten können – ihre Vorfahren kommen ja aus nebligen, feuchten und kühlen Gegenden. Ihr imprägniertes Fell wird sie vor Kälte, Nässe und Schmutz schützen. Wieder an Land müssen sie aber Gelegenheit haben, sich kräftig zu bewegen, um zu trocknen. Einen nassen Hund lässt man nie irgendwo an der Zugluft angebunden.

Frühling und Herbst sind daher vom klimatischen Standpunkt her gesehen die idealen Jahreszeiten für die Retriever und ihre Menschen für gemeinsame Aktivitäten. Sei das nun als Freizeitbeschäftigung, oder als gezielte Arbeits- oder Sporthundtätigkeiten. Die Temperaturen sind meist moderat, das heißt, nicht zu kalt und nicht zu warm. Zudem sind die kurzen Tage vorbei, respektive noch lang genug, um inhaltsreiche Tage mit seinem Retriever zu verbringen.

Diese gemäßigten Jahreszeiten sind für die Aufzucht, oder um dem neuen Welpen das »Stubenrein« beizubringen, meist einfacher als bei feuchten und kalten Temperaturen.

Das gilt aber natürlich besonders für uns Menschen – Hand aufs Herz, wir sind es, die doch eher bei angenehmem Wetter für lange Spaziergänge zu haben sind als bei Schmuddelwetter!

Im Gegensatz zu uns, sind unsere Retriever immer voll dabei. Es geht ihnen ja vor allem um unsere Gesellschaft, um das Zusammensein mit uns, die wollen sie genießen, ob es nun schneit oder regnet, ob die Sonne scheint oder nicht!

Frühling

Frühlingserwachen: die Tage werden länger und es wird endlich wärmer. Das frische Grün beginnt zu sprießen, bunte Blumen blühen überall, auch unsere Retriever sind voll im Saft und genießen die Wärme und Helligkeit in vollen Zügen. Mit den wildesten Kapriolen rasen sie durch die neu erwachte Natur, wobei von uns Hundehaltern Rücksicht gefragt ist, denn kein Bauer schätzt es, wenn unsere Hunde sein hohes Gras platt walzen oder verschmutzen.

Labrador Retriever

Labrador Retriever

Golden Retriever

Frühling

Flatcoated Retriever

Golden Retriever

Flatcoated Retriever

Nova Scotia Duck
Tolling Retriever

Sommer

Nun beginnt die heiße Zeit: Tagsüber ist Ausruhen an kühlen Plätzen angesagt, Spaziergänge werden nur am und im Wasser und im schattigen Wald geschätzt. Frühmorgens oder Abends, wenn es etwas abkühlt, sind unsere Hunde aktiver und holen auf, was sie in der Hitze verpasst haben.

Chesapeake Bay Retriever

Curly Coated Retriever

Nova Scotia Duck
Tolling Retriever

Flatcoated Retriever

Flatcoated Retriever

Flatcoated Retriever

Labrador Retriever,
Flatcoated Retriever
und Golden Retriever

Golden Retriever

Die Lieblingssaison der jagdlich arbeitenden Retriever. Jetzt werden die großen Treibjagden abgehalten, überall finden Prüfungen und Field Trials statt; die Jäger sind sehr zur Freude ihrer Retriever jedes Wochenende unterwegs. Auch die Familienhunde genießen den Herbst. Es ist kühler, man kann auf den Stoppelfeldern herumrennen. Die ersten Blätter fallen und können verfolgt werden – ein Riesenspaß.

Herbst

Labrador Retriever

Nova Scotia Duck Tolling Retriever

Golden Retriever

Labrador Retriever, Flatcoated Retriever und Golden Retriever

Golden Retriever

Labrador Retriever

Winter

Je nach Region fällt nun mehr oder weniger Schnee und unsere Retriever genießen die weiße Pracht. Unermüdlich jagen sie hinter Schneebällen her, nehmen riesige Luftsprünge, graben tiefe Löcher in den Schnee und sind auch von einem Bad in eisigkaltem Gewässer nicht abgeneigt.

Chesapeake Bay Retriever

Labrador Retriever

Nova Scotia Duck
Tolling Retriever

Nova Scotia Duck Tolling Retriever

Nova Scotia Duck
Tolling Retriever

Golden Retriever

Golden Retriever

Golden Retriever

Flatcoated Retriever

Anhang

Literaturverzeichnis

Horn Janet, Dr. Daniel Horn, The new complete Chesapeake Bay Retriever, New York
Jaussi Yvonne, Wild Rosemarie, Flatcoated Retriever, 2005 Cham
Roslin-Williams Mary, The Dual Purpose Labrador, London
Stonex Emma, Golden Retriever, London
Tudor Joan, The Golden Retriever, London
Warwick Helen, The new complete Labrador Retriever, New York
Wild Rosemarie, Golden Retriever, 1994 Cham
Wild Rosemarie, Flat Coated Retriever, 1993 Cham

Wichtige Adressen

Schweiz

Schweizerische Kynologische Gesellschaft (SKG)
Länggassstraße 8
Ch-3001 Bern
Tel. +41 (0)31 3066262
Fax: +41 (0)31 3066260
E-mail: skg@hundeweb.org
Internet: www.hundeweb.org

Retriever Club Schweiz
Fredi Flügel
Höhenweg 23
CH-3652 Hilterfingen
Tel. +41 (0)33 2432924
E-mail: praesident@retriever.ch
Internet: www.retriever.ch

Deutschland

Verband für das Deutsche Hundewesen e.V. (VDH)
Westfalendamm 174
D-44141 Dortmund
Tel. +49 (0)231 565000
Fax: +49 (0)231 592440
E-mail: Info@vdh.de
Internet: www.vdh.de

Deutscher Retriever Club e.V. (DRC)
Dörnhagener Str. 13
D-34302 Cuxhagen
Tel. +49 (0)5665 2774
Fax: +49 (0)5665 1718
E-mail: DRC-Geschäftsstelle@t-online.de
Internet: www.deutscher-retriever-club.de

Golden Retriever Club e. V. (GRC)
Jürgen Rüter
Franz-Poppe-Str.2
D-26655 Westerstede
Jürgen.Rüter@grc.de

Labrador Club Deutschland e.V. (LCD)
Markenweg 2
D-48653 Coesfeld
Tel. +49 (0)2541 9260974
Fax: +41 (0)2541 9260975
E-mail: geschaeftsstelle@labrador.de
Internet: www.labrador.de

Österreich

Österreichischer Kynologenverband (ÖKV)
Johann-Teufel-Gasse 8
A-1230 Wien
Tel. +43 (0)1 8887092
Fax: +43 (0)1 8892621
E-mail: Office@oekv.at
Internet: www.oekv.at

Österreichischer Retriever Club (ÖRC)
Ortrun König
Zeitlingerberg 11
A-4320 Perg
Tel. +43 (0)699 14191900
Fax: +43 (0)7262 57043
E-mail: office@retrieverclub.at
Internet: www.retrieverclub.at

€ 24,90 '06